V

RÉFLEXIONS

JOYEUSES

D'UN GARÇON

DE BONNE HUMEUR.

RÉFLEXIONS

JOYEUSES

D'UN GARÇON

DE BONNE HUMEUR,

SUR LES TABLEAUX EXPOSÉS AU SALLON
En 1781.

AIR *du Vaudeville de la Rosière.*

Prenez, lisez, amusez-vous,
Partagez mon heureux délire ;
Riez, chantez, rien n'est si doux,
La gaîté plaît dans la satire ;
Et quand on critique en chantant,
Autant en emporte le vent.

Prix, 20 sous.

A L'ISLE SONNANTE,

Et se trouve **A PARIS,**

Chez la veuve VATEL, Libraire, quai de Gêvres ;
& chez les Libraires qui vendent les Nouveautés.

1781.

A MESSIEURS LES GRONDEURS, BOUDEURS, ATRABILAIRES, HIPOCONDRES, ET AUTRES GENS MÉLANCOLIQUES.

» Quelle abomination ! quelle hor-
» reur ! quelle indignité ! direz - vous,
» Meſſieurs qui ne riez jamais. Ainſi donc
» nos Artiſtes célèbres ſont en proie aux
» ſarcaſmes honteux d'un couplet ridi-
» cule ! Quelle profanation ! quelle in-
» famie !....» Eh ! doucement, Meſſieurs,
doucement; déridez-vous un peu. Pourquoi ne chanteroit-on pas la Peinture ?
En France on chante tout ; les peines,
les plaiſirs, les affaires, bonnes & mau-
vaiſes, tout eſt ſoumis aux couplets gais
ou triſtes, ſelon que le ſujet l'exige. Je
ſuis François autant & plus qu'un autre;

j'aime à chanter; & comme l'étendue de ma voix ne me permet pas de m'exercer fur les morceaux de nos grands Opéra, je chante, & j'ofe dire très-paffablement, les airs qui m'égaient; & ces airs font, n'en déplaife à Meffieurs les Glukiftes, Ramiftes, Picciniftes & Bouffonniftes, *La faridondaine*, *Oh gai lan la*, *Robin turlure*, &c. c'eft ma manie.

J'eus autrefois une Maîtreffe à qui je déclarai mon douloureux martyre par un couplet : elle m'écouta favorablement; je fus heureux, & je célébrai mon triomphe par un couplet. Mais bientôt la cruelle ! la perfide ! l'ingrate ! oublia fes fermens, & trahit l'amour le plus tendre. Une chanfon bien lamentable, à laquelle j'adaptai le refrein touchant de *félicité paffée*, fervit à exprimer ma douleur à mon inhumaine, qui ne fit que rire de mon défefpoir. Alors,

ô fublime effet de la Philofophie Fran-
çoife ! alors, dis-je, le voile tombe, le
nuage fe diffipe, un nouveau jour m'é-
claire, je retrouve ma première gaîté, &
je chante cet heureux retour fur l'air :
Allons gai, toujours gai. J'ai eu depuis un
bon petit procès ; je l'ai perdu, comme
de raifon. Eh bien, loin de me plaindre
de mes Juges, un bon couplet contre ma
Partie adverfe a été ma confolation. Je
paffe ma vie à chanter ; &, pour finir de
même, je ne veux fur mon tombeau d'autre
épitaphe que celle-ci :

AIR : *Monfieur Lapaliffe eft mort.*

C'en eft fait, le voilà mort
Celui qui chanta fans ceffe :
Paffans, pleurez fur fon fort,
Mais chantez votre trifteffe.

D'après ce beau raifonnement-là, je

A iv

crois, Meffieurs, fuffiez-vous cent fois plus mélancoliques que défunt Héraclite, de lamentable mémoire, je crois dis-je, que vous ne devez pas me blâmer : d'ailleurs, Meffieurs,

Quand on critique en chantant,
Autant en emporte le vent.

RÉFLEXIONS

JOYEUSES

D'UN GARÇON

DE BONNE HUMEUR,

SUR LES TABLEAUX EXPOSÉS AU SALLON,

Voici encore un homme qui promène les gens dans le Sallon, en faifant fes obfervations fur les Tableaux, & y joignant de tems en tems la petite Chanfon.

AIR des Pendus.

Or, écoutez, petits & grands,
Et venez admirer céans
Les nouveaux fruits de la Peinture,

Les chefs-d'œuvre de la Sculpture ;
Venez applaudir les talens
Des Artiftes les plus favans.

M. VIEN.

Vous croyez peut-être, Meffieurs, qu'Achille n'eft pas très-fâché de perdre Briféis ; mais ne vous y trompez pas.

Air : *Boire à fon tirelire lire.*

De cet enlèvement,
Achille au cœur de flâme,
N'étoit pas fort content ;
Il difoit dans fon âme :
  Ah ! dans ce jour,
  Pour mon amour
Quel chien de tirelire, lire,
Quel chien de tourlour, lour,
  Quel chien de tour !

Il met la main fur fon front, en cherchant à fe rappeler qu'il avoit quelque chofe à mander au pays. Briféis prend cela pour du chagrin ; & comme elle fe rend juftice, elle le tire par la manche, & lui dit : Mon ami, regardez-moi ;

» Je ne mérite pas une douleur fi vive.

Mais Achille, qui ne veut pas la tromper, va lui répondre :

» Votre *départ* auffi me touche infiniment ;
» Mais je n'y penfois pas, Madame, en ce moment.

Cependant ne vous inquiétez pas ; vous allez voir

beau jeu. Ah ! milzieux ! maugrebleu ! ventre-
bleu ! &c. On connoît le grivois ; on se doute
bien du tapage qu'il va faire.

Il est bien essentiel de rappeler ici les beaux
Tableaux sortis jadis de la main de M. Vien.

M. LAGRENÉE l'aîné.

Les préparatifs du combat entre Pâris & Mé-
nélas. Ce Monsieur Agamemnon est encore vert ;
il insulte Jupiter un peu vivement. Cependant le
bon Priam, qui est plus honnête, dit au Maître
du tonnerre : *Ne prenez pas garde à ce qu'il dit ; il
est un peu timbré.* Mais Jupiter n'écoute ni l'un
ni l'autre. Ne voilà-t-il pas un sujet bien rendu ?
Mauvais choix de draperies, pauvre style, tout y
est de la même étoffe ; les chairs, les vêtemens,
les arbres, le ciel, la terre, tout y est peint avec
la même brosse.

Alcibiade méprisé, parce qu'après avoir triom-
phé de neuf guerriers, il est vaincu par le dixième.
Oh ! pour le coup, la dame avoit de l'humeur.

Air : *Vive le Vin.*

Lorsqu'en sortant de neuf combats,
Au dixième un guerrier est las,
Il mérite de l'indulgence :
Fort peu de nos héros, je pense,
Auroient aujourd'hui ce succès ;
Nos Chevaliers ne donneront jamais
De telles preuves de vaillance.

Ce Tableau eſt comme tous ceux qu'il fait en petit ;
charmant ! divin ! délicieux ! . ! . !

M. VANLOO.

Des Amans unis par l'Hymen & couronnés par
l'Amour ; une promeſſe de fidélité ; une Amante
abandonnée, qui, en vérité, n'a pas droit de ſe
plaindre.

AIR : *Ce mouchoir, belle Raimonde.*

CESSEZ de pleurer, Raimonde, } *bis.*
Et de vous mettre en courroux ;
Encor que vous ſoyiez blonde,
Convenez-en, entre nous ;
Doit-on captiver le monde,
Etant laide comme vous ?

M. DOYEN.

AIR : *Jupin dès le matin.*

APPROCHEZ dans ces lieux ;
  Frottez-vous les yeux,
Et regardez, Meſſieurs :
  Quel fracas !
  Que fait-on là-bas ?
  Quel charivari !
Et quel amphigouri !
Tâchons de remarquer
  Et d'expliquer
Ce qui, dans ce tableau,
  Paroît ſi beau :
De jambes & de bras,
  Ciel ! quel amas !

Ce tumulte pourtant
　　Eſt effrayant.
Mon Dieu , combien de gens
　　On voit céans !
Comme ils ſont entaſſés ,
　　　Preſſés ,
　　　Pouſſés !
Ici tout eſt fort bien ,
Car perſonne ni comprend rien.

Cependant, ſi l'on parvient à fixer ſa vue ſur un objet quelconque, on y découvrira des beautés, de la chaleur, de l'énergie, du caractère. C'eſt dommage qu'en général ce Tableau ſoit compoſé & exécuté d'une manière un peu giganteſque, & que l'œil ne puiſſe pas s'y arrêter.

M. L É P I C I É.

Ce Fabius Dorſo, qui revient du Mont Quirinal, auroit tout auſſi bien fait de reſter chez lui. Il feroit difficile de compoſer & de colorier d'une manière plus déſagréable. Un grand homme entortillé de draperies ſales, une rangée de moitiés d'hommes couleur de pain d'épice ſur le devant de la ſcène, quelques figures griſes dans le fond, & un énorme rocher ; voilà le Tableau.

Cette Réſurrection n'eſt pas celle de M. Lépicié. Pour en parler, il faudroit recommencer ce qu'on vient de dire.

Des petits Tableaux où il y a tout plein de mérite.

M. BRENET.

Achille, par sa seule présence, quoique sans armes, met en fuite les Troyens qui combattent avec les Grecs sur le corps de Patrocle.

AIR *de tous les Capucins du monde.*

MESSIEURS, gardez-vous bien de croire
Qu'en abandonnant la victoire,
Ces gens de poltrons soient traités;
Si dans leur fureur implacable,
Les Troyens sont épouvantés,
C'est qu'Achille est épouvantable.

Deux Soldats sur l'avant-scène * sont ce qu'il y a de mieux dans le Tableau, qui auroit plus de mérite si les personnages avoient plus de noblesse.

C'est sûrement par mégarde que M. Brenet a placé là une adoption d'Œdipe par la Reine de Corinthe, & un Rémus & Romulus.

M. LAGRENÉE le jeune.

Un Martyre de S. Etienne aussi maltraité à coups de pinceaux qu'à coups de pierres, & une Conversion de S. Paul qui ne convertira personne. Ces deux Tableaux sont gris & vert, les chairs d'un ton sale, & le tout d'une exécution molle & sans caractère.

---

* Je dis sur l'avant-scène, parce qu'ils sont avant le Tableau, puisque l'on ne voit pas leurs jambes.

Celui des Noces de Cana eft compofé fort adroitement & d'un effet agréable.

Meffieurs Tarquin & Collatin admirant la vertu de Lucrèce, femme de ce dernier.

Air : *A quoi s'occupe Magdelon.*

En l'abfence d'un tendre époux,
A quoi s'occupe Lucrèce?
En l'abfence d'un tendre époux,
Lucrèce, que faites-vous?
Je goûte des plaifirs bien doux,
Je cous, tricote fans ceffe;
Je goûte des plaifirs bien doux,
Je file, tricote & cous.

Pour admirer plus à leur aife, ces Meffieurs ont un pied en avant, l'autre en arrière, étendent un bras, ouvrent la main, écartent les doigts, & regardent. Ah! que voilà qui eft beau!

Encore de charmans petits Tableaux moins rouges que ceux de fon frère, & cependant moins agréables.

M. TARAVAL.

Triomphe d'Amphitrite. Des figures couleur de rofe, un ciel bien bleu, de l'eau bien verte. Ah! que c'eft joli!

Un Actéon fuffifamment puni de fa curiofité, par la vue de celle qui en étoit l'objet.

Un petit fripon de Télémaque qui fe laiffe enjoler par les agaceries d'une demoifelle qui a bien l'air de ce qu'elle eft.

AIR : *Il n'eſt point de bonne fête.*

PRENDS garde, Télémaque,
On veut t'enlever ton cœur ;
Retourne dans Ithaque,
Ecoute ton précepteur ;
Si tu te laiſſois féduire
Par ce minois féminin,
Il pourroit fort bien t'en cuire
Le lendemain.

M. VERNET.

On reprochoit jadis à M. Vernet de toujours
ſe répéter ; on ſe plaint aujourd'hui de ce qu'il
n'eſt plus le même : malgré cela, dans quelques
paſſages de ſes Tableaux, on reconnoît encore le
Vernet d'Italie.

M. ROSLIN.

Des têtes dures & lourdes, à l'exception de
deux ou trois ; mais des étoffes de la plus parfaite
illuſion.

M. LEPRINCE.

Toujours charmant, toujours féduiſant, mais
toujours factice : au reſte, il eſt permis de mentir,
quand on ment auſſi agréablement.

M. DE MACHY.

Il y a une pratique étonnante dans ces Tableaux ; mais qu'y a-t-il de plus ?

M.

M. DUPLESSIS.

· ·Encore de beaux Portraits, & de là plus grande reſſemblance. Celui de M. *Thomas* & celui de l'Auteur ſur-tout ſont frappans. On reproche cependant à M. Dupleſſis de faire les ombres de ſes têtes de la couleur du fond, ce qui les rend lourdes & ternes.

M. RENOU.

L'Etoile du matin, ou Caſtor cadet ſur le grand cheval *Patagonien*, ou ſur celui des quatre Fils Aymon.

AIR : *Après ma mort.*

Pauvre Caſtor, quelle triſte aventure !
Sur ce cheval, que je plains ton deſtin !
Pour te montrer en ſi piètre poſture,
Falloit-il donc te lever ſi matin ?

Il faut que ce cheval ait été bien nourri ; car, pour avoir été ſi long-tems en route, il ne ſe reſſent pas de la fatigue du voyage.

M. CASANOVA.

Un beau menſonge, c'eſt-à-dire, un admirable Clair de lune, auquel il ne manque, comme aux autres Tableaux de M. Caſanova, que de la vérité. Au reſte, cette couleur magique eſt peut-être plus impoſante aux yeux des gens qu'on nomme *Connoiſſeurs*, que le ton vrai de la nature ; mais d'autres moins crédules diront avec Boileau :

Rien n'eſt beau que le vrai ; le vrai ſeul eſt aimable,

B

M. ROBERT.

Tout Paris peut juger du mérite de ce Tableau, repréfentant l'Incendie de l'Opéra. M. Robert a parfaitement rendu cette belle horreur. Son pendant n'eft pas auffi bien; cette fumée blanche nuit à l'effet total du Tableau.

A l'égard des autres productions de M. Robert, le talent de cet Artifte eft généralement applaudi, & l'on peut dire qu'il foutient glorieufement fa réputation.

M. HUET.

Comme cette gouache eft grife! comme tout cela eft faux, fec & lourd! Où font donc les portraits de cette dame & fon fils?

M. PASQUIER.

Qu'eft-ce que c'eft que cette moitié d'homme qui étend les bras, & qui baiffe la tête en fermant les yeux? Et cette autre moitié de femme, les bras croifés & chargée de fers? Eft-ce que ce feroit par hafard?...... Mais non; cela ne fe peut pas.

Mme VALLAYER-CORTER.

AIR : *On compteroit les diamans.*

JADIS, tu n'offrois à nos yeux
Que les riches préfens de Flore;
Aujourd'hui ton art plus heureux
Surpaffe la Déeffe encore.

Elle fait éclore des fleurs;
Mais, par une douce impofture,
Tes pinceaux, toujours enchanteurs,
Animent toute la nature.

M. BEAUFORT.

Il y a de l'étude dans ce Tableau, qui eft fagement compofé.

M. DE WAILLY.

Des deffins d'Architecture.

M. PÉRIGNON.

Il a cherché à rendre de bonne foi ce qu'il a vu, & y a réuffi : un peu moins d'égalité dans fes Tableaux, ils en feroient plus agréables.

M. WEILLER.

Des Portraits en émail, où il y a certainement du talent.

M. SUVÉE.

M. Suvée n'eft peut-être pas moins bien qu'au dernier Sallon; mais il n'a pas fait un pas de plus. Ce Tableau d'Emilie eft bien peint ; & voilà tout fon mérite. La principale figure eft roide & fans expreffion; cette grande draperie rouge eft défagréable à l'œil, & interrompt l'harmonie totale. Enfin, le tout enfemble eft froid comme glace.

Son Tableau allégorique eft plus harmonieux
& mieux entendu ; mais on efpéroit davantage
de M. Suvée.

M. CALLET.

AIR : *Lifon dormoit.*

MESSIEURS, c'eft ici qu'on admire
Du bleu par-ci, du blanc par-là;
Flore & fon cher amant Zéphire
Sont bien vêtus comme cela :
C'eft ainfi qu'il faut qu'on colore;
Le bel éventail que voilà !
Rouge par-ci, jaune par-là,
Regardez, admirez encore,
Rouge par-ci, jaune par-là;
C'eft un fier tableau que cela !

On voit que cet Artifte cherche à plaire à ceux
qui achètent des Tableaux : à la bonne heure !
Mais M. Callet étoit-il obligé d'expofer ce foi-
difant Hercule ?

M. MÉNAGEOT.

François premier defcend du trône, & fe dé-
robe à la foule des Courtifans qui l'environnent,
pour vifiter Léonard de Vinci, malade ; & cet
Artifte a le bonheur d'expirer dans les bras de fon
Roi.

AIR : *Charmante Gabrielle.*

HÉROS dont la vaillance
Sut braver les hafards;

Grand Monarque de France,
Digne père des arts;
Mon ame qui t'adore
En ce moment,
Te croit plus grand encore,
Et plus puiſſant.

Quelles ſenſations délicieuſes doit éprouver l'Artiſte qui traite un tel ſujet! Eſt-il poſſible de ſe pénétrer d'un ſi beau moment, ſans verſer des larmes ? Et quelles larmes ! Heureux les Rois qui n'en font pas répandre d'autres ! François, voilà quels ſont vos maîtres.

M. Ménageot a vivement ſenti cette ſcène attendriſſante. Il a rendu avec toute l'énergie , toute la nobleſſe convenable , & la bonté du Monarque, & le reſpeƈt du ſujet. Compoſition, deſſin , coloris , une grande intelligence du clair-obſcur ; on trouve tout dans ce ſuperbe Tableau. Il y auroit peut-être de légères obſervations à faire ; mais on n'a que le tems d'admirer.

L'Etude qui veut arrêter le Tems, offre encore des beautés rares ; une compoſition ingénieuſe, un beau ton de couleur, un heureux choix de draperies, un pinceau large & facile , & beaucoup d'harmonie.

M. BERTHÉLEMI.

Apollon, après avoir débarbouillé feu Sarpédon, qu'avoit occis Patrocle , le fait emporter pour qu'on lui donne la ſépulture.

AIR : *M. le Prévôt des Marchands.*

SARPEDIÉ, Monfieur Sarpédon,
Qui jouiez tant de l'efpadon,
Vous avez trouvé votre maître :
Monfieur Patrocle eft un garçon,
Qui d'un revers a fu vous mettre
Pour quelque tems à la raifon.

Il faut que le fils de Latone ait bien parfumé
& bien lavé ce Sarpédon, car il a la chair blanche comme du poulet. Ce Tableau eft peut-être
bien compofé ; mais quel ton blafard ! Cet Apollon eft placé fans grace, & droit comme une
quille.... Eh ! qu'eft-ce que c'eft que ce Fleuve que
je vois dans le fond du Tableau ? M. Berthélemi
pourroit-il nous dire ce qu'il fait là ? C'eft apparemment lui qui a fourni l'eau pour nettoyer
le défunt.

M. VAN SPAENDONCK.

Des Fleurs encore plus belles que tout ce qu'a
déja fait cet Artifte, & ce n'eft pas peu dire.

M. PAROCEL.

Une Pêche miraculeufe, qui pourtant n'eft pas
un miracle.

M. MONET.

Vénus fortant du bain, & qui n'en eft pas plus
belle. Malheureufement, ou peut-être heureu-

fement, les autres Ouvrages de M. Monet font
prefque invifibles . . . . Ah ! c'eft qu'au Sallon on
ne choifit pas les places. Mais un Artifte adroit
fait parer cet inconvénient, en montrant fes productions chez lui. On ajufte fon Tableau de manière que le jour gliffe légérement deffus : on
a grand foin d'éloigner tout ce qui pourroit at-
tirer la vue & nuire à cet enfant chéri. Les femmes du bon air, les abbés, les prôneurs de
toute efpèce, ne manquent pas de fe rendre
chez le Peintre reclus. Notre homme eft galant ;
il fait affeoir les belles dames fur de beaux fau-
teuils qui fe trouvent là tout exprès ; il explique
complaifamment le fujet de fon Tableau ; il en
fait remarquer jufqu'au moindre détail à l'affem-
blée ébahie : on le loue, on l'exalte, on le com-
ble d'éloges, & l'on fort en criant au miracle.
— C'eft un homme étonnant, divin, incroya-
ble. — On va même jufqu'à fe dire à l'oreille :
— « Meffieurs de l'Académie font bien heureux
» que les Tableaux de notre ami ne foient pas
» au Sallon. » — Et voilà comme on fe fait une
réputation.

Cela foit dit en paffant.

M. MARTIN.

Il y a de quoi faire un beau Tableau de cette
efquiffe. Ce portrait de femme perd à n'être pas
vu de près.

M. WILLE.

Ce Tableau a vraiment quelque chofe de féduifant. Ce fatin blanc eft d'un brillant qui éblouit
& qui fait illufion. D'ailleurs, en choififfant ainfi
fes fujets, M. Wille plaira toujours à la plus grande
partie du Public. Les ames fenfibles & honnêtes
font délicieufement affeftées par ces fcènes tou-
chantes, tandis qu'elles fe révoltent à l'afpeft d'un
père maudiffant fon fils, parce qu'il s'eft fait
foldat, ou d'une belle-mère qui caffe les dents
à fa fille avec un morceau de pain dur. S'il exifte
des êtres femblables, pourquoi nous retracer leurs
atrocités?

M. HOUEL.

On dit qu'il y a du mérite dans tout cela, &
il ne faut donner de démenti à perfonne.

M. VINCENT.

Combat des Romains & des Sabins, que les
femmes de ces derniers interrompent en ces
termes :

AIR *du pas redoublé de l'Infanterie.*

ARRÊTEZ, Meffieurs les Sabins,
Et ceffez de combattre ;
Que diantre, Meffieurs les Romains,
Faut-il toujours fe battre ?
Allons, mes amis, fuivez-nous,
Faites trève au carnage,

Et venez, à des jeux plus doux,
Montrer votre courage.

Voici encore un de ces Tableaux fur lefquels l'œil ne fauroit s'arrêter tranquillement. Quel cliqueti! du blanc, du rouge, du jaune, du noir par petites taches; point de maffes principales, fort peu d'expreffion où l'on a cru en mettre beaucoup; un coloris blafard, des chairs fades & couleur de peau de mouton : tout cela ne peut pas faire, & ne fait pas effectivement un beau Tableau. Ceux qui l'ont vu de près affurent qu'il eft peint hardiment, & d'une manière ferme & reffentie. Mais M. Vincent nous avoit bien promis autre chofe au dernier Sallon. Ce Tableau a tous les défauts de celui du Préfident Molé, appaifant une fédition, mais il n'en a pas les beautés. Quand on a débuté comme M. Vincent, on doit aller plus loin.

M. BARDIN.

On ne fera pas le même reproche à M. Bardin ; il n'eft pas plus mal qu'il y a deux ans : il eft vrai que cela lui auroit été un peu difficile.

M. CORTE.

Ah! bon Dieu, que de vert! que d'herbe!

AIR : *On ne rit plus, on ne boit guère.*

VOYEZ la petite peinture
Qui brille en ces petits tableaux :

Ici tout eſt en miniature ;
Petits arbres, petits châteaux,
Petit ciel, petite verdure,
Petites fleurs, petits ruiſſeaux :
Tout eſt joli ;
Tout eſt fini ;
Mais ſi petit, ſi petit, ſi petit :
Ah ! pour rendre ainſi la nature,
Il faut voir clair, ſans contredit.

M. LEBARBIER.

Jeanne Hachette, à la tête d'une troupe de femmes comme elle, ſauvé la ville de Beauvais, qu'aſſiégeoit le Duc de Bourgogne en 1472.

AIR : *Voici les Dragons qui viennent.*

VOICI venir une femme,
Soldats, ſauvez-vous ;
Sachez que c'eſt une dame
Qui répand par-tout l'alarme :
Ah ! ſuyez tous ;
Craignez ſes coups.

Ce Tableau eſt vigoureuſement compoſé, d'un beau ton & d'une couleur ferme & facile ; mais ces figures péchent par la correction du deſſin, ou du moins par la grace des contours. Peut-être l'auteur auroit-il dû rendre un peu plus compte du ſite de la ſcène, malgré qu'elle ſe paſſe ſur la brèche. Il eſt toujours déſagréable pour le ſpectateur de ne pas pouvoir deviner ſur quoi porte une figure. Plufieurs Deffins précieux ne font pas moins d'honneur à M. Lebarbier.

M. HUE.

Beaucoup de beaux Payfages ; une Vue de la Forêt de Fontainebleau, d'un ton vigoureux & féduifant, quoique vrai, & un Clair de lune fur-tout de l'effet le plus magique & le plus impofant, donnent une grande efpérance de ce nouvel Agréé. On defireroit peut-être que le feuillé de fes arbres fût quelquefois moins lourd & plus facile ; & dans quelques-uns de fes Tableaux plus de légéreté en général.

M. DEBUCOURT.

Il ne débute pas d'une manière moins heureufe. Ses Tableaux font d'un ton qui tient aux grands Maîtres qu'il a envie d'imiter ; mais les figures reffemblent un peu à de la porcelaine, & ne font pas toujours correctement deffinées. Au refte, le public attend beaucoup de ce jeune Artifte qui n'a que vingt-fix ans.

M. SAUVAGE.

Il n'eft guère poffible de mieux imiter la nature morte, que M. Sauvage. Ce tapis de Turquie & tout ce qui eft deffus eft de la plus grande illufion : ces bas-reliefs en bronze font furprenans. Des critiques févères prétendent qu'ils font plutôt de plâtre bronzé, que de bronze antique, & cela parce qu'ils y voudroient plus de fermeté.

Il ne nous reste plus à voir en Peinture que les Ouvrages de M. David, le dernier Agréé de l'Académie ; & c'est-là le cas de dire *au dernier les bons.*

Il faut avoir vu M. David, pour croire que ces Tableaux soient l'ouvrage d'un jeune homme. Ce S. Roch, ce Bélisaire, ce S. Jérome, & tous les morceaux que cet Artiste offre à nos yeux, sont du ton, & portent le caractère des plus grands Maîtres d'Italie qu'il a encore dans la mémoire. On n'ose pas regarder cette Peste ; on craint d'être infecté des douleurs que ressentent ces malheureuses victimes du fléau le plus terrible. Comme ce Bélisaire est beau ! comme cette femme est drapée ! Comme ce soldat est pénétré ! comme il est indigné ! Quel effroi majestueux dans toute cette scène, & comme tout cela est peint !

AIR : *Que ne suis-je la fougère !*

Du plus injuste des maîtres,
Trop malheureux défenseur,
Tu péris, jouet des traîtres
Et victime de l'erreur:
Hélas ! voyant ta misère,
Je dis en pleurant sur-toi :
Infortuné Bélisaire,
Louis n'étoit pas ton Roi.

Les beautés des Tableaux de M. David seroient

trop longues à détailler : il eſt bien plus aiſé de les ſentir & d'obſerver qu'on y trouve à deſirer en général un ton un peu moins noir ; mais c'eſt un défaut dont ce jeune homme ſe corrigera facilement, pour peu qu'il viſe à la fortune ; & puis gare la couleur de roſe.

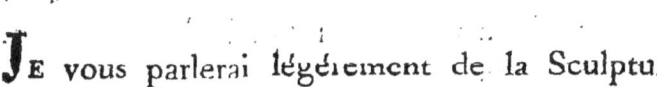

JE vous parlerai légérement de la Sculpture, qui me paroît plus foible cette année que les précédentes.

Ce *Paſcal* eſt d'un bon caractère ; c'eſt bien là l'idée qu'on a de cet homme extraordinaire. Si cette Figure n'eſt pas auſſi bien que le *Boſſuet* du même auteur, c'eſt qu'apparemment M. PAJOU n'a pas été auſſi heureuſement inſpiré.

Vous voyez, Meſſieurs, beaucoup de Buſtes de différens Sculpteurs, parmi leſquels il s'en trouve de bien foibles, ſur-tout dans les Portraits. A propos de Portraits ; pourquoi donc M. CAFFIERI ne nous offre-t-il que de cela ? Mais puiſque nous en ſommes à l'article des Portraits, il faut admirer ceux de M. HOUDON, toujours étonnans par leur vérité & leur exacte reſſemblance, quoique ſouvent un peu ſecs. Sa Statue du Maréchal *de Tourville* eſt bien compoſée. l'exécution en eſt riche, facile & hardie, quoique un peu maniérée : on voit que l'Artiſte ſe joue du marbre qu'il manie à fon gré. Celle de *Voltaire* a cette noble fimplicité qui convient à l'Auteur de *la Henriade*, & elle offre des détails heureux dans la tête, & fur-tout dans les mains.

La Statue du Duc *de Montauzier*, par M. MOUCHY, eft fagement compofée & fans prétention.

Le Bufte de la Reine, fait par M. BOIZOT, dont le mérite eft déja connu, eft très-reffemblant & bien exécuté.

Ah! M. JULIEN, cette figure d'Erigone ne vaut pas votre Gladiateur mourant; cela n'eft pas étudié, & cette tête de Veftale n'eft pas d'un beau caractère.

M. MONNOT eft comme autrefois *jus vert* ou *vert-jus*.

Pourquoi ne voyons-nous rien de M. CLODION? Cet aimable Artifte ne peut que caufer des regrets au Public, en le privant de fes charmans petits bas-reliefs.

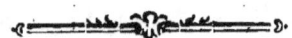

Il faut diftinguer du nombre des Gravures, une quantité de charmans deffins de M. MOREAU, & plufieurs autres de M. COCHIN, qui fe reffentent encore du charme des grands nombres d'ouvrages fortis anciennement du crayon de cet habile Deffinateur.

AIR : *Allons à la Guinguette, allons.*

VOILA, Meſſieurs,
Quoi qu'on diſe ou qu'on gloſe,
Ce qu'en ces lieux
L'Académie expoſe
Au bout de deux étés.
Allez,
Partez,
Et dans deux ans vous reviendrez.

FIN.

www.ingramcontent.com/pod-product-compliance
Lightning Source LLC
Chambersburg PA
CBHW030118230526
45469CB00005B/1690